Amour toujours
Petites pensées pour quelqu'un de pas comme les autres

pour ....

de la part de ....

Editions Art Grafik

*L*ove
is all you
need.
All you
need
is Love.

Aimer,

c'est deviner

les besoins de l'autre.

*L*aisse l'amour
prendre racine dans ton cœur,
il ne peut en rejaillir
que du bien.

Saint Augustin

Ne croyez pas
qu´il vous appartienne de diriger
le cours de l´amour,
car c´est l´amour,
s´il vous en juge digne,
qui dirigera le vôtre.

Khalil Gibran

L'amour
est l'étoffe de la nature
que l'imagination
a brodée.

Voltaire

𝓛es mots
qui viennent du cœur
vont droit au cœur.

*Le souvenir
est une fleur
qui ne se flétrit pas
dans le cœur.*

Ruth W. Lingenfelser

*L'*amour vit
de petites
choses aimables.

Theodor Fontane

*Existe-t-il une meilleure façon
de prendre la vie qu'avec
amour et humour ?*

Charles Dickens

C'est la fête
dans mon cœur
et tu es mon seul convive.

Art van Rheyn

Pour connaître
la vraie valeur du bonheur,
nous avons besoin
de quelqu'un pour le partager.

Mark Twain

L'amour

n'a rien à voir avec ce que
vous espérez recevoir,
mais seulement avec ce que
vous entendez donner.

Katherine Hepburn

La clef
du sens de la vie
repose entre les mains
de l'amour.

Ernst Ferstl

Avec une enfance
remplie d'amour,
on est déjà paré
pour la moitié d'une vie
contre la froideur du monde.

Jean Paul

*C'*est dans le coeur de l'homme
qu'est la vie du spectacle de la nature ;
pour le voir, il faut le sentir.

Jean-Jacques Rousseau

*Quand je vois l'amour
quelque part,
j'ai toujours l'impression
d'être au ciel.*

Johann Wolfgang von Goethe

Car ce qui
doit toucher
le cœur doit venir
du cœur.

Il faut embrasser
beaucoup de crapauds
avant de trouver
le prince charmant.

L'essentiel de l'amour
c'est d'être deux
mais de se sentir un.

*L'*amour,
c´est s´épanouir dans l´autre
sans s´y perdre.

Helga Schäferling

L'âme ne peut vivre
sans amour ;
il lui faut toujours quelque
chose à aimer,
car elle a été créée par amour.

Catherine de Sienne

*L*e trésor
le plus précieux
appartient au cœur
qui sait l'apprécier et le rendre.

Friedrich von Schiller

Autre titres de la même collection
Mille mercis – Petites pensées pour quelqu´un de sympathique
Amis pour la vie – Petites pensées pour quelqu´un que j´apprécie
Bon anniversaire – Petites pensées pour une journée particulière

Idée, conception & graphisme : Yvonne Wagner, Bielefeld

Crédit photos
Carina Jürgensmeyer pour les pages : 40 et 41
Digitalstock pour les pages : 28 et 29
Fotolia pour les pages : 36 et 37
Panther Media pour les pages : 4, 5, 26, 27, 42, 43, 44 et 45
Reinhard Becker pour les pages : 22 et 23
Yvonne Wagner pour les pages : couverture, 20, 21, 36 et 37
Toutes les autres photos : avec l´aimable autorisation de Shutterstock, Inc.

Tous droits réservés, y compris pour les reproductions partielles.
Les textes sont la propriété respective de leurs auteurs ou éditeurs. Malgré tous nos efforts, certains auteurs ou ayant droit n´ont pu être identifiés : merci de nous contacter pour toute indication relative au droit d´auteur.

ISBN 978-3-940466-86-0
© Grafik Werkstatt Bielefeld,
www.gwbi.de